Tamis Muamba

Méditations chretiennes

AF209878

Tamis Muamba

Méditations chretiennes

Éditions Croix du Salut

Imprint

Any brand names and product names mentioned in this book are subject to trademark, brand or patent protection and are trademarks or registered trademarks of their respective holders. The use of brand names, product names, common names, trade names, product descriptions etc. even without a particular marking in this work is in no way to be construed to mean that such names may be regarded as unrestricted in respect of trademark and brand protection legislation and could thus be used by anyone.

Cover image: www.ingimage.com

Publisher:
Éditions Croix du Salut
is a trademark of
Dodo Books Indian Ocean Ltd. and OmniScriptum S.R.L publishing group

120 High Road, East Finchley, London, N2 9ED, United Kingdom
Str. Armeneasca 28/1, office 1, Chisinau MD-2012, Republic of Moldova, Europe
Managing Directors: Ieva Konstantinova, Victoria Ursu
info@omniscriptum.com

Printed at: see last page
ISBN: 978-620-6-17129-4

PROLOGUE

Le chrétien n'est pas un être désincarné. Certes, il vit dans le monde, mais il vit aussi une vie spirituelle que le monde ne connaît point. Cette vie spirituelle est une grâce qui a été rendue possible par l'œuvre de la croix accomplie par le Seigneur Jésus-Christ.

Le présent recueil traduit les méandres de cette vie si privilégiée du chrétien et médite sur des thèmes tantôt récurrents du christianisme, tantôt universels, tantôt personnels. En tout cas, il est l'expression profonde de l'âme d'un chrétien.

En outre, cet ouvrage a été écrit pour témoigner de la vitalité de la chrétienté et pour rendre gloire au Seigneur de toutes vies. Ses sources d'inspiration ont été la parole de Dieu, l'illumination divine, les expériences vécues...

Cinq grands thèmes ponctuent cette œuvre. Le premier traite de Dieu, aussi bien dans son unicité que dans sa trinité. Le deuxième médite sur les rapports entre l'homme et son Créateur. Le troisième est un recueillement sur le sens de la vie de tous les jours à travers des lunettes de la chrétienté. Le quatrième, intitulé *consolation et exhortation*, est une invite à la persévérance dans la foi et à l'espérance. Enfin, le cinquième réfléchit sur la possibilité ultime de l'homme : la mort.

Que ce recueil puisse affermir tous ceux qui ont reçu Jésus-Christ comme Seigneur et sauveur et qui mettent en pratique sa parole !

A ceux qui ne croient pas en lui, plaise à Dieu qu'il leur fasse grâce et qu'il les éclaire afin qu'ils puissent découvrir la simplicité et la profondeur de la bonne nouvelle du royaume éternel.

I. DIEU

Élohim

1. Ta lumière

Ta lumière me guide
Comme les constellations
Guident les matelots,
La nuit, en pleine mer.
5 Ô toi qui es au-delà

Du pensable et de l'impensable !
Toi que je ne sais vraiment
Que ce que tu n'es pas,
Quoi qu'il me soit obvie que tu es.
10 Qu'aurais-tu perdu

Si tu n'avais pas créé
L'excrément de la poussière de la terre
Que je suis ?
Aie pitié de moi, Ô Eternel !
15 Car c'est souvent

Après avoir commis des iniquités

Que je me reconnais fautif.

Aie pitié de moi,

Car mon entendement

20 N'est qu'un piètre gouffre

Qui aspire à contenir

L'immense océan de ta divinité.

2. La lumière divine

Que la lumière descende sur la terre

Afin que les êtres humains croient en Dieu,

Qu'ils le connaissent comme leur céleste Père

Et qu'à leurs idoles ils disent : « adieu !».

5 Les hommes ont toujours cherché la lumière,

Mais combien l'ont reconnu ? En tout cas, très peu.

Je me tourne vers toi, t'adresse ma prière,

Seigneur de la vie, Toi qui es miséricordieux !

Je sais que ceux qui te cherchent sincèrement

10 Te trouveront bien dans leurs cœurs joyeusement.

Voici que le calice de Feu est donné

Au péché de l'humanité comme anathème,
Quel héros de l'esprit s'en serait abreuvé ?
Que l'amour afflue dans les cœurs des hommes !

3. El Shaddai

Comme une poule entoure ses poussins
Et les couvre par ses soins sous ses ailes,
Ainsi ton amour me réchauffe, ô Saint !
Le cœur, le corps dans des nuits hivernales.

5 Telle une mère allaitant son bébé
Le met dans une position confortable,
Tel je me sens dans ta présence ignée.
El Shaddai, le Dieu bon et admirable,

Ta main puissante me tient et me guide
10 Comme un enfant qui apprend à marcher.
Dans mon cœur, tes ordonnances je garde,
Elles m'abreuvent quand je suis couché

Et m'orientent quand je suis éveillé.
Pour rien au monde, pour rien dans les ciels,
15 Quitterai tes parvis ensoleillés
Par ta gloire et par ton trône éternels.

El Shaddai, le Dieu Tout-Puissant et aimant,
Le rocher sur lequel j'ai bâti ma maison,
Comme il est agréable d'être ton enfant
20 Et de transformer tes bienfaits en chanson !

4. L'Eternel

Il fait des vents ses messagers,
Des flammes de feux ses bergers.
Je trouve en lui l'asile sûr :
Il préserve mon esprit pur.
5 Il sonde le cœur de tout homme
Et ne connaît jamais de somme.
Dieu rend le fidèle riche
D'une richesse qu'on ne triche.
L'espérance en l'Eternel,
10 Tel en un acquis paternel,
Est procuratrice du bien.
Nos mots sont trompeurs, pas les siens :
Le Tout-Puissant toujours finit
Par faire ce qu'il a promis.
15 J'existe et je vis par sa grâce,
En lieu opportun, il me place :
Je ne manquerai de rien,
Il est l'essence de tout bien
Pourquoi restes-tu incrédule ?
20 Tu n'y gagnes rien. Sois fidèle…

5. La trinité

Trois personnes en Dieu : quel est donc ce mystère
Qiu dépasse de loin l'entendement humain ?
Pareille chose est inconcevable sur terre,
Même si l'on remontait un passé lointain.

5 La science de Dieu est séculière.
Devant elle, l'homme est moins qu'un fou, moins qu'un nain.
Comment peut-il saisir la grande lumière,
Sans la grâce de celui qui est souverain ?

C'est en vain que l'être humain se casse la tête
10 Et de la trinité se lance à la conquête :
Cette vérité n'est nullement à sa portée.

Et pourtant, il lui suffit simplement d'y croire
Pour que son âme soit convaincue, exhortée.
Et à la source originelle, il pourra boire.

CHRIST

6. Emmanuel

Dieu s'est fait homme pour sauver l'homme.

Il a habité au milieu de nous

Pour épargner le céleste courroux.

Et lui qui savait que pécheurs nous sommes,

5 N'a pas ménagé sa propre vie

Pour notre salut, pour notre bonheur.

Le Saint endura l'humaine douleur …

Aux yeux de gens, cela paru folie.

Seigneur n'avait ni bauté ni éclat

10 Tels que nous puissions le remarquer.

Pourtant, il versa son sang pour marquer

Son amour : rançon de notre rachat.

Il souffrit dans sa peau pour nous guérir,

Il s'est fait pauvre pour notre richesse,

15 Sans égard à notre vie pécheresse.

Pour notre salut, il dût mourir.

Un tel amour, l'homme en est incapable :

Le Saint, le Juste est mort pour le coupable.

Le Père Divin l'a ressuscité

20 Et l'a souverainement élevé.

7. Le Christ

Entre la terre et les cieux, tu avais le choix.
Ainsi, tu préféras le séjour des mortels,
Où la vie signifie sueur et larmes à la fois,
Pour infléchir leur triste sort existentiel.
5 Tu pouvais rester dans la demeure du ciel
Et jouir d'ataraxie et d'infinitude,
Mais tu vins flairer les humaines attitudes.
Ah ! L'écho de ton sang s'est exhalé partout,
Même dans des lieux autres que la concrétude…
10 Je désire vivre et te suivre jusqu'au bout.

Toi qui, pour mes péchés, mourus sur la croix ;
Toi qui purgeas des peines tel un criminel ;
Toi qui fus humilié, ô Jésus ! pour moi ;
Tu acceptas de laisser ton royaume éternel
15 Pour mon bien-être, moi qui suis mortel !
Comment puis-je te témoigner ma gratitude,
Toi qui vis maintenant dans la béatitude.
Je t'offre ma vie, accepte-la : elle m'est tout.
D'aimer mon prochain, par toi j'ai pris l'habitude.
20 Je désire vivre et te suivre jusqu'au bout.

Sur la terre, on croyait que tu serais la proie
De la mort. Mais tu l'as vaincue lors du duel.
Ainsi, par toi l'homme peut retrouver la joie,
Joie d'être affranchi du péché originel.
25 Tu invites tout le monde au palais paternel
Ainsi pour le combler de paix, de plénitude.
Tu apprends amour, foi, acte ; nulle autre étude.
Ah ! tu as un assez grand cœur pour aimer tous.
Je chanterai ton nom en hautes altitudes !
30 Je désire vivre et te suivre jusqu'au bout.

Envoi
Ô Roi des rois sans nulle autre similitude !
Ta science ne m'inspire que certitude…
Au vainqueur tu réserves couronne et bijoux.
Je le sais : tu l'as dit avec exactitude.
35 Je désire vivre et te suivre jusqu'au bout.

8. Cet homme de Nazareth

Cet homme de Nazareth, humble et doux
A qui obéit le vent impétueux,
Nous a épargné le divin courroux
Et a donné sa vie pour nous rendre heureux.

5 La mort et les esprits obéissent tous
A son nom précieux et victorieux.
A ce nom, tout genou fléchit partout.
Cet homme de Nazareth est merveilleux.

Le sacrificateur donné en sacrifice,
10 Quel est donc le sens de cet ultime supplice?
C'est l'expression parfaite de l'amour,

L'amour du Dieu Très Saint pour un peuple pécheur.
Ce beau nazaréen s'est fait homme de douleur
Pour nous préparer des meilleurs jours.

9. Le nom de Jésus

La puissance est dans le nom de Jésus.
Ce nom glorieux brise toutes les chaînes,
Ce nom a une force souveraine,
Ce nom est l'Esperance des déçus,

5 Ce nom est des hommes le seul salut,
Ce nom valorise les choses vaines,
Ce nom puissant bannit de nous la haine.
Par ce nom, la mort, Satan sont vaincus.

L'invocation de ce nom victorieux
10 Fait fuir les démons, déchire les cieux
Pour faire tomber sur nous une pluie,

Une pluie de paix, de bénédiction.
Ce beau nom est entendu de toute ouïe:
Sa non-confession est perdition.

10. Résurrection de Jésus

Jésus est mort pour nos péchés.
Ressuscité après trois jours,
A ses amis, il a prêché :
Les cieux, le pardon et l'amour.

5 Jésus est le trésor caché,
Il donne la paix pour toujours
A ceux qui l'ont reçu, cherché.
Sa miséricorde est sans détour.

Avec lui, fus enseveli ;
10 Et par lui, à nouveau je vis,
Je vis une vie nouvelle,

Celle d'un enfant du Très-Haut.
La félicité éternelle
Est ainsi pour moi un cadeau.

11. Le sauveur de l'humanité

Le sauveur de l'humanité,
Le voici cloué sur la croix
Parmi des gens sans loi ni foi,
Lui qui n'a point d'iniquité.

5 Il a donc fallu qu'un seul meure
Pour le salut de tout le monde.
Ce trépas souleva une onde,
L'onde exhala la grâce pure…

Le sauveur de l'humanité
10 A tout accompli sur la croix :
Quitte à l'homme d'avoir la foi
Pour vivre la divinité.

En dehors de lui, point de vie.
Il donne vie aux ossements
15 Et cette vie dure longtemps.
Quant aux pécheurs, les justifie.

Saint-Esprit

12. Seigneur Saint Esprit

Oh ! Pour certains, tu n'es qu'une puissance ;
Pour d'autres, t'as même pas d'existence.
Mais pour moi, je crois que tu es mon Dieu
Esprit-Saint, t'es gage de mon salut.
5 Certes, l'œil humain ne t'a jamais vu.
Pourtant, t'es là et agis pour mon mieux.

Toi mon intercesseur auprès du Père,
Tu me fortifies ici sur la terre
Et témoignes de mon sauveur en moi.
10 Débordes-toi en mon être, Seigneur !
Fais –moi baigner dans tes profondeurs,
Dans cette communion avec Le Roi.

Oh ! Révèle-moi des choses cachées
Afin que les ténèbres soient chassées
15 De mon corps, de mon esprit, de mon âme.
Sans toi, je chavire et je suis perdu.
Je le sais, mon salut n'est pas un dû.
En effet, ma vie sans toi n'est qu'un drame.

13. L'homme contrit

L'homme contrit
Avait besoin du Saint-Esprit.
Esprit de vie,
De paix, il nous réconcilie
5 Avec le Père
Lorsque nous sommes sur terre
Pauvres pécheurs
Et nous conduit dans sa splendeur.
La vérité,
10 La révèle à l'humanité.
La conviction
Est l'une de ses missions,
La repentance
Est le produit de sa semence.
15 Il fait de nous
Enfants de Dieu. Mon cœur le loue.

14. Le vent souffle

Le vent souffle, on l'entend,
On ne peut le saisir ni l'orienter ;
On le sent simplement,
On ne peut que constater ses effets.

5 Ainsi l'Esprit agit.

L'homme charnel n'y comprend rien du tout,

Car il s'est compromis

Avec du monde le grand manitou.

L'homme né de nouveau

10 Est conduit par l'Esprit du Créateur.

Comme un poisson dans l'eau,

Jouit du sacrifice du sauveur.

Les désirs de la chair

Eloigne l'homme de son essentiel.

15 Or ce qui lui est cher,

C'est sans aucun doute le spirituel.

15. Mystère

Une arrhe oubliée gît dans le profond du cœur

Il invite l'humain à la révolution.

Heureux qui entend cet appel sans confusion

Et qui y réponde joyeusement sans peur !

5 Source de rayons primitifs et du bonheur,

Le Très-Haut s'est révélé par sa création.

Qui saisit le sens de la manifestation ?

L'humble comprend de cette œuvre la profondeur.

L'orgueilleux s'endurcit et fait semblant. Pourtant,
10 L'appel du Créateur retentit dans tout cœur :
Celui qui le rejette connaîtra malheur,

Un malheur que celui de Sodome plus grand.
Le cœur est l'ouverture vers l'éternité,
Dieu y a placé son souffle et sa vérité.

II. ∎ L'HOMME ET DIEU

LE PEUPLE DE DIEU

16. Les bienheureux

Ils vivent ici-bas, mais ne sont pas du monde,
Car avec le Très-Haut, ils se sont communiés
Et du sang de qui s'était donné comme offrande,
    Ils se sont purifiés.

5 Ce sont des gens riches, mais personne ne voit
Leur richesse : leurs noms sont inscrits dans les cieux.
Ce sont des pèlerins qui vont suivant la voix
    De qui les rend heureux.

Ils sont d'abord hommes, mais doux comme les anges.
10 Peu leur importe qu'on dise bien ou mal d'eux :
Leur grand soin est que le monde célèbre les louanges
    De celui qui est aux cieux.

Leurs discours, toujours plein d'amour, fortifient l'âme
Lassée et sèment joie, paix dans leur entourage.
15 Pour la justice, ils sont persécutés : quand même
    Pleurant, gardent courage.

Aux tailles, la vérité comme ceinturon;
Les corps cuirassés de justice ; la foi tel le
Bouclier contre les attaques pour tenir bon;
    20 Les pieds chaussés de zèle;

Le salut, casque ; et parole divine, glaive:
Armés de la sorte, ils poursuivent leur chemin
Vers leur patrie ; grâce à celui qui toujours sauve,
    Résistent au malin.

25 Ainsi quand viendra le moment tant attendu,
Dieu essuiera toute larme de leurs yeux,
Chanteront un chant que nul n'a encor entendu.
    Ce sont les bienheureux :

Ils entreront dans la félicité du Très-Haut,
30 Pourvu seulement qu'ils préservent la richesse
Qu'ils ont déjà dans ce bas-lieu. Votre héraut
    Vous dit : « Persévérance...».

17. La cohorte des rachetés

C'est par le sang de l'agneau immolé
Qu'ils ont été exfiltrés du malin.
Ce sont des bienheureux immaculés
Qui connaissent un constant festin.

5 Le Père les a immatriculés

Comme citoyens du royaume sans fin.

Certains d'entre eux ont été mutilés

A cause de celui qui est souverain.

Mais ils n'ont point abandonné leur foi,

10 Même quand ils ont souffert, quelques fois.

Ils régneront avecque le Seigneur

Lors de l'avènement de son royaume,

Son royaume de paix, non de malheur.

Heureux ceux qui, pour le Saint, ils ne chaument.

Mon dieu et moi

18. J'ai un Père fidèle…

J'ai un Père fidèle et Tout-Puissant.

Par grâce, il a fait de moi son enfant

Avant même la fondation du monde.

C'est pourquoi j'éprouve une joie profonde

5 A chanter les bienfaits de ce Dieu

Et à dire qu'il est merveilleux.

Il tient le monde entier entre ses mains

Et le gouverne selon ses desseins.

Il pourvoit de ses êtres aux besoins,

10 Les siens ainsi que ceux qu'il n'a pas oints.

Ce Père était, est et sera toujours.

Intact est également son amour.

Que pourrai-je redouter ici-bas ?

Qui se permettra de freiner mes pas ?

15 Personne, car Dieu est avec moi

Et je poursuis ma route sans effroi.

Là où il veut que je sois, là je suis.

Rien ne me séparera de lui.

Ah ! Quel bonheur de vivre sous sa grâce

20 Et contempler sa gloire qui ne passe.

19. Les disciples de Jésus

Heureux qui se met aux pieds de Jésus
Et apprend la volonté du Très-Haut :
Comme Lazare sorti du tombeau,
Verra la gloire de Dieu par-dessus.

5 Celui qui croit en lui n'est point confus,
Car le Fils a souffert pour tous les maux
D'Adam et de ses enfants immoraux.
Que faudrait-il aux incroyants de plus ?

Qui le suit ne connaîtra point la mort,
10 Car entre les mains de Dieu est son sort.
Pour notre salut, pour notre bonheur,

Il a connu un trépas incisif
Pour marquer un grand tournant décisif …
Qui accepterait une telle horreur ?

20. De zéro à héros

De zéro à héros,
Telles sont les raisons de la foi du héraut.
Moi qui n'étais qu'un esclave et pauvre pécheur,
Seigneur m'a fait grâce.
5 Il s'abaissa pour moi,
Se privant de sa gloire et mourant sur la croix.

Mon seigneur m'a délivré du joug de Satan,
De la mort et du sang.
Je ne peux le nier,
10 Jehova Sholoom m'aima le premier,

Depuis le ventre de ma maman il m'a oint,
M'a couvert de ses soins.
Je lui donne mon cœur
Et ma vie : il est mon Seigneur et mon sauveur.
15 Je m'engage à suivre ce Dieu toute ma vie.
Il est ma seule envie.
Toute ma vie durant,
Je proclamerai son Saint Nom aux incroyants
Et je chanterai ses bienfaits et ses haut-faits :
20 Il est un Dieu parfait.

21. Même si je manquai les mots…

Même si je manquai les mots idoines,
Mon cœur te louerait toujours comme un moine.
Pour ta gloire, taperai mes mains,
Je danserai et sauterai sans fin :
5 Mon corps est l'expression de ta louange.
Tes bienfaits, tes haut-faits marquent les âges.
Afin que tous sachent que tu es Dieu,
Tu as fait de moi un homme heureux,
Tu as pardonné mes péchés, ma honte.

10 Du fond de mon cœur, ton amour me monte.

Père Saint, tu m'as aimé le premier,

M'as façonné tel le fait un potier.

Toute ma vie, je te rendrai gloire.

La source de vie où chacun peut boire,

15 Tu fais grâce à tous tel que tu le veux.

Mesurer ta bonté, je ne le peux.

Aussi, ne puis que chanter tes bienfaits.

Et dire aux hommes tout ce que tu fais.

O mon Seigneur, je bénis ton Saint nom,

20 Toi qui pour moi tu es parfait et bon !

Et je me prosterne devant ta face,

De toute mon âme je te rends grâce.

22. Mon pilier

De ma vie, il est le seul pilier.

Je n'ai point de vie en dehors de lui,

Car il me réserve un bonheur inouï,

Et toute ma vie est son chantier.

5 Jésus me conduit dans ses sentiers

Où sa parole, tel un phare, luit.

Et j'ai l'espérance en lui.

Mes péchés, il est venu pallier

Oh! Quel bonheur de vivre pour Jésus !
10 Avecque lui, on est jamais déçu.
Je sais qu'il reviendra me prendre un jour

Et que je régnerai à ses côtés,
Dans son royaume, pour l'éternité.
Puis, je ne brocherai pas si je cours…

23. Garde-moi fidèle à toi

El Roi, garde-moi fidèle à toi!
Jusqu'ici, tu ne m'as pas délaissé,
Même si j'ai trébuché quelques fois.
L'astre du jour ne m'a pas caressé,

5 Ne m'a pas réchauffé en ces jours froids.
Seigneur, toi qui m'as toujours exaucé!
Je suis à toi, ton fils est mort pour moi.
Suivre ta voie, je n'ai jamais cessé.

Mon Seigneur, tu remportas la victoire !
10 A la droite du Père dans la gloire,
Réserve-moi une place de choix.

Je n'aimerai rater le rendez-vous
De ma vie pour rien au monde fou.
Jésus reviendra me prendre, ma foi !

24. Ma souffrance

Ma souffrance, pense-tu
Que l'Absolu s'escrime
A faire tomber la manne pour nous ?
Que devons-nous attendre de lui ?
5 L'Eternel, par sa providence
Dota l'humain de la boussole raison
Et cacha de l'or sous la nature.
Cette mère nourricière,
A son tour, se présente à nous
10 Comme le légendaire sphinx
Qui posait des énigmes aux passants
Et qui, hélas ! se goinfrer
De ceux qui ne devinaient pas son jeu.
A nous de dévaliser
15 Le coffre de ses secrets
Afin de recouvrer le statut perdu.
En vain attends-tu
Que le ciel te fasse tomber la manne.
Le vrai miracle, c'est de transpirer
20 Lorsqu'on ensemence la glèbe
Pour que, au moment opportun,
L'on récolte les fruits.

25. Mon passé est passé en lui

En lui, en lui mon passé est passé.
Il m'a fait une nouvelle création
Et m'a béni de toutes les bénédictions.
Celui qui me liait, il l'a terrassé.

5 Mes joies, mes plaisirs et ma vie d'antan
Sous le soleil ne me sont plus d'aucun gain.
Il m'aima le premier, car il est souverain
Et il ne m'a pas fait de jugement.

Le Saint Seigneur de gloire a pris ma place,
10 Oui, vraiment moi! Un simple mortel et pécheur ;
Oui, vraiment moi qui menait une vie d'horreur.
Il a payé la rançon par grâce.

Je ne suis plus le même désormais,
Il a transformé ma vie par le Saint-Esprit,
15 M'a lavé dans son sang. De lui je suis épris,
Car c'est lui qui me procure la paix.

Assis à la droite du Père Saint,
Il ne cesse d'intercéder en ma faveur
Pareil ami dans le ciel fait mon bonheur.
20 Je sais qu'il viendra me prendre à la fin.

26. Mon Seigneur, je ne veux plus reculer

Mon Seigneur, je ne veux plus reculer,
Veux marcher dans la sanctification
Et je me voue à toi sans calculer :
Je désire la purification.

5 Adonaï, j'ai soif de ta présence !
Viens à moi, conduis-moi dans tes sentiers
Où luit ta gloire, car j'ai ta semence.
Dans ce combat, Seigneur, sois mon allié.

Mon Seigneur, je ne peux plus reculer.
10 Amèrement, le monde m'a déçu :
Ses enfants ne savent que hurler
Et ne s'appuient guère sur Jésus.

Malheur à moi si je quittais ta Voie
Pour celle des méchants et des pécheurs,
15 Car je sais que loin de toi, point de joie.
Viens à moi, mon Seigneur et Sauveur !

27. La gloire de Dieu

J'ai vu sa gloire, sais à quoi elle ressemble.
Ah ! Elle est l'émanation de sa sainteté.
Son amour et sa justice se voient ensemble
Dans la gloire sans fin de telle pureté.

5 Et même si l'univers entier rassemble

Tous les trésors inconnus de l'humanité,

Jamais n'égaleront ta beauté adorable.

Face à ta splendeur, ils ne sont que vanité.

Ah ! Que ta gloire descende sur tes enfants

10 Afin que dans la confusion soient les méchants.

Dans ta sainte présence, rien d'autre ne compte.

Tu me suffis et comble mon cœur de bonheur.

Et ta gloire n'a d'égale dans aucun conte.

A toi pour l'éternité la gloire et l'honneur !

28. Par son amour

Le Bon Dieu, par son amour,

Nous a ouvert les écluses du ciel

Pour faire tomber sur nous

Une pluie de bénédiction.

5 En tenue d'Adam,

Je me baigne dans ces eaux

Afin qu'elles pénètrent

Jusqu'à la moelle des mes os.

29. Tout a été créé pour sa gloire

Tout a été créé pour sa gloire :
Je vis et j'écris
Pour témoigner de sa gloire
Nier ce fait,
5 C'est s'éloigner de sa face.
Et loin de sa face,

C'est la mort,
La mort du corps et de l'esprit.
Près de lui,
10 C'est la vie,
La vie en abondance.
O Seigneur !
Soit loué,
Car tu m'as fait grâce
15 De te connaître.
Fais-moi aussi grâce
De vivre selon ta volonté
Et non plus selon les désirs de la chair
Ni selon mes pensées !

30. Où est Dieu ?

-Est-il partout et toujours ?
Je le cherche avec une torche,
Mais sans succès.
Peut-être que mes yeux bandés,

5 Accoutumés à ne voir que les ombres,

N'ont pas encore le pouvoir

De le percevoir

Dans toute sa magnificence.

Ah ! Où trouverai-je mon créateur?

10 Où est l'*Eve*

Qui détient la clé

De la porte *Vérité-Dieu* ?

Où est-elle celle qui m'emmènera à *Sion* ?

-Ignorant, l'habitacle de Dieu est en toi,

15 C'est en toi et en toi véritablement

Que tu le découvriras,

Si tu es né de nouveau :

Le reste n'est que parure.

Ne souille pas

20 Le foyer de tes intentions

Et aime autrui, ton semblable.

Une église est un navire

Qui glisse dans l'océan monde

Pour atteindre le rivage Jéhovah.

25 Certes, Dieu est partout,

Mais il ne se manifeste pas partout.

Le chemin qui mène à la patrie céleste

Est bourbeux et épineux :

Très peu de gens le suivent.

III. ■ DE LA VIE DE TOUS LES JOURS

FORET DES SYMBOLES

31. Le pélican

C'était un midi qui s'annonçait beau.

Le pauvre pélican volait là-haut.

Il avait avec lui son seul enfant

Et ne voyait l'ombre des gens méchants.

5 Dans son envol béat, un javelot

L'atteignit, le contraignit au repos.

Ah ! Il se posa sur l'arbre à palabre…

Sentant son déclin, par un effort âpre,

Avec son bec, se transperça le cœur,

10 Nourrit l'enfant avec ce même cœur.

C'était une terrifiante souffrance !

Il voulait bouger, hélas ! plus de force ;

Il voulait crier, mais n'avait plus de voix ;

Il mourrait sans bruit, mais plein de foi…

15 Des jours passèrent, charogne exhala

Une puanteur inconnue jusque-là.

Comme la brume envahissait le lieu,

Soudain, il ressuscita glorieux.

Le voici plané là-haut dans le ciel
20 Derechef, ce qui est essentiel.

32. Le temps de l'hymen

Le temps de l'hymen est venu.
Mon cœur est frappé, débraillé
Tel finit l'arbre foudroyé.
De cette cendre naîtra l'élu.

5 C'est certain, l'homme nouveau vient !
Il s'élèvera dans la nuée,
Puis ira dans l'abîme ennuyé :
Alors ce sera l'entretien.

O toi pour qui je suis promis,
10 Purifie mon sang par ton sang
Afin que je sois béni !

Ainsi, tel dans un beau roman,
Je t'attends pour le long voyage,
De l'autre côté du rivage…

33. Le voile boréal

O devant moi tombe le voile boréal !
Bientôt je passerai de l'autre côté,
Le cœur léger en contemplant la vérité,
La tête ceinte d'un diadème royal.

5 Mais avant, en guerrier forcené et loyal,
Je continue mon combat avec fermeté.
Les jours viennent avec leur lot de nouveauté,
Elles ne m'écarteront pas de mon idéal.

A travers l'épreuve, je vois l'épopée;
10 La victoire après chaque combat à l'épée.
En effet, mon rédempteur est juste et fidèle:

Il dit vrai et ne m'abandonnera jamais.
Il vainquit Satan, la mort : m'assure la paix.
Vers le trône et la domination, il m'appelle.

Noël

34. Un roi nous est né

Vie au roi, héritier du trône de David !

Mais depuis quand des enfants naissent-ils rois, quid ?

Il est né un certain jour, je ne sais lequel.

La gloire, la puissance, le règne éternel,

5 La domination repose sur ses épaules.

Les mages venus d'orient ont vu son étoile,

Ils l'ont suivie et ils ont vu le bel enfant ;

L'adorèrent, lui offrirent or, myrrhe, encens.

Des bergers passants dans des champs ont vu un ange

10 Leur annonçant la nouvelle, sujet de louange,

Aussi bien dans les lieux très hauts que sur la terre,

Car s'est accomplie une promesse du Père.

Roi de gloire, Prince de paix, Agneau de Dieu

Qui ôte le péché du monde pernicieux,

15 Est né non dans un palais, mais dans une crèche :

Leçon d'humilité que le monde ne prêche.

Cette naissance troubla le roi Hérode,

Même tout Jérusalem dans son habitude.

Tous comprirent la portée de l'événement.

20 C'est pourquoi je célèbre Noël joyeusement.

35. Noël à Kinshasa

Le noël à Kinshasa,
C'est la fête des enfants.
Des cadeaux de leurs mamans,
Ils recevront en tout cas.

5 Et ce jour-là, sans combat,
Parés des beaux vêtements,
Sillonnant les rues, chantant
Leur grande joie d'être-là,

Les enfants transmuent le monde
10 En un paradis plein d'ondes.
Et les anges du ciel

Descendent alors sur terre
Répandant la paix du Père
Dans état solennel.

Des choses simples

36. L'homme ne peut vivre seul

« Il n'est pas bon que l'homme vive seul »,
A proclamé le Seigneur Tout-Puissant
Voyant la misère de notre aïeul.
Il lui créa Eve pour sa vie durant.

5 Adam devint poète en voyant sa femme,
Cria : « Chair de ma chair, os de mes os ! »
Et il déborda de bonheur, en somme.
Son cœur fut rempli de paix, de repos.

Deux valent mieux qu'un : veillent l'un sur l'autre.
10 La vie de tous les jours est confusion :
Même le plus riche a besoin du pauvre
Pour trouver joie et consolation.

Celui qui rencontre une femme ainsi
Rencontre certainement le bonheur
15 Et au Très-Haut, il dit : « Merci !».
Il peut ainsi briser l'apesanteur.

Le créateur de toute chose dit :

L'homme quittera son père et sa mère

Pour se joindre à sa femme, une autre lui.

20 Et les deux, heureux, remplirons la terre.

37. Dans mon rêve

Dans mon rêve,

J'ai vu quelqu'un me dire :

« Mon fils, apprends aussi à perdre

Comme l'arbre qui porte des fruits

5 Sans jamais se soucier

De qui en mangera,

Car le vrai bonheur

S'obtient au prix des sacrifices.

Méfie-toi

10 Des plaisirs éphémères

Qui viennent si facilement ».

Après ce beau discours,

Le vieil homme disparut dans la nature

38. Tout le monde a droit à un toit

Tout le monde a droit à un toit.

Moi, quand je vois tous ces clochards

Qui manquent ne fût-ce qu'un hangar,

Je pleurs et me tourne vers toi,

5 Ô Dieu Tout-Puissant ! Pourquoi,
Pourquoi seulement des richards

Se tapent des gratte-ciels d'art
Et la gent se trouve sans toit.

Le monde est injuste et bizarre
10 Car il nous pousse à la bagarre.
Je rêve d'un monde meilleur

Où les hommes vivent en paix
Sans se donner des coups jamais,
Où le maître mot est bonheur.

39. Les réponses des enfants

La maîtresse avait posé la question :
  « Dieu réside où ? ».
Les enfants, après moult réflexions,
  Répondirent tous.

5 Le premier dit : « Le ciel est sa demeure
  Son immensité
Lui convient…Là haut, personne ne pleure :
  Il y a volupté ».

Un autre déclara : « Dieu habite mon cœur,
	10 Car je suis pur
Et il est bon qu'il y reste pour mon bonheur
	Et mon salut sûr ».

Un autre encore dit : « Dieu habite chez nous :
	Papa n'a jamais
15 Porté sa main sur maman. Il est vrai, chez nous,
	Dieu vit en paix ».

40. Une pluie de bonheur
Une pluie de bonheur
M'arrose chaque jour
Dans le profond de ce désert
Où il n'y a point de rose.
5 A ses dépends,
Mes yeux ont appris à voir
Au-delà de ce qu'ils perçoivent,
Car au fond de mon cœur,
Une voix irrésistible
10 M'appelle au trône,
A la domination, au règne éternel.
Cette petite lumière
Qui scintille au-dedans de moi,
En dépit de cet affreux Sahara des ténèbres,
15 M'affermit et me guide

Vers une félicité insoupçonnée.
C'est à l'aune de cette conviction
Que je bâtis mon espérance,
L'espérance en un avenir radieux
20 Dans un jardin somptueux
A l'abri des turpitudes.

41. Tic-tac

Tic-tac, tic-tac,
L'aiguille de l'horloge tourne
Et je suis toujours dans l'attente,
Une attente qui me parait interminable.

5 Tic-tac, tic-tac,
J'ai le sentiment
De vivre
Un perpétuel recommencement.

Tic-tac, tic-tac,
10 Je commence à perdre patience,
Car je ne perçois pas le bout du tunnel.
Tout est noir, très noir.

Tic-tac, tic-tac,

Je sens une sorte d'asphyxie

15 Qui, petit à petit,

Fait de moi un étranger

Dans le monde des vivants.

Soudain,

Une lumière éblouissante

20 S'empare de moi

Et me donne l'impression

D'être au-delà du temps,

Dans une sorte

De présence permanente

25 Avec une sérénité

Inconnue de la race humaine :

C'est l'appel du Très-Haut.

42. De temps en temps

De temps en temps,

Le vent anime les feuilles,

Les rappelant

Que cette vie vécue vaille...

5 L'esprit agit

De même dans le cœur de l'homme

Ainsi, ainsi,

Le Seigneur de gloire nous aime.

Montrant la voie

10 De l'éternelle vérité,

Donnant la joie

Et la paix à l'humanité,

Dieu nous attire

Vers son royaume glorieux

15 Et nous rassure

Des lendemains merveilleux.

DES CHOSES PAS SIMPLES

43. D'où vient le mal ?

Dieu est bon, mais d'où vient le mal ?
Dieu est saint, d'où vient le péché ?
Et comment l'homme a-t-il séché,
Lui qui menait un train normal ?

5 Pourtant une seule réponse
A toutes ces belles questions :
Les péchés, les malédictions,
L'homme en est la cause, la source.

Parce qu'il a désobéi,
10 Le mal et les péchés sont nés,
Sans espoir d'être pardonné.
Ainsi, lui-même s'est trahi.

Aujourd'hui, peut être sauvé ;
Seulement s'il ouvre son cœur
15 A Jésus-Christ, le rédempteur.
Le Tout-Puissant l'a approuvé.

Quand le jour du Seigneur viendra,

Le péché n'existera plus

Et le mal aura disparu.

20 Avec Dieu, l'homme régnera.

44. Douce folie

L'effort pour la survie

N'est que douce folie :

Certain est ton déclin,

Contingent ton butin.

5 Souviens-toi de ton pays

Où jadis tu trahis

La confiance du Père.

Mais aujourd'hui sur terre,

Tâche de racheter

10 Ta faute et ton péché.

La source originelle,

O pauvre homme ! t'appelle.

45. Je me souviens

Je me souviens

De temps anciens

Quand la vie fut rose.

La plus belle chose

5 Etait l'harmonie.

Haine, jalousie

Ainsi que l'égoïsme

N'existaient, ni larmes.

Tout était bien.

10 Je me souviens

De ces beaux temps-là !

Paix régnait ici-bas :

L'homme se confondait

Avec Dieu qui créait.

15 L'homme était plein de foi :

Les cieux pleuraient de joie

Pour la vie en Eden.

Ah ! Tout disait : « Amen !».

Mais Adam allait faillir,

20 Adam ne pouvait tenir,

Adam était créé ainsi,

Adam était à la merci

De sa faute d'être là

Et de celle qu'il aima.

46. D'un matin à un soir

D'un matin à un soir,
Telle est la durée de vie d'une rose.
Et pourtant, elle est une belle chose
Dans ce monde si noir.

5 Et la vie de l'homme,
Sans Dieu, est ainsi semblable à la fleur
Qu'on aime et qui, le soir, perd sa splendeur.
Tel est l'humain, en somme.

D'un matin à un soir
10 Un pécheur peut devenir fils de Dieu
Et prendre part à son plan merveilleux.
Ce qu'il va lui falloir,
C'est la foi en Shamma.
Schilo est toujours là et nous appelle,
15 Non pour la mort, pour la vie éternelle.
Fils, Seigneur les nomma…

47. Quand le ciel vous tombe sur la tête

Quand le ciel vous tombe sur la tête,
L'on se sent coincé comme une bête…
Alors on tourne les yeux vers Dieu,
Lui rappelant qu'on est son enfant, mieux,
5 Qu'à le servir l'âme est toute prête.

Quelle hypocrisie ! La vie est-elle ainsi faite ?
La foi est-elle bâtie sur la crainte ?
Peut-on le servir en des jours radieux ?
La vie de l'homme est parsemée de doutes,
10 Seul le Seigneur peut lui montrer la route,

Car il est amour, miséricordieux.
Et les athées, dans leurs discours pompeux,
Ne proposent nulle autre voie concrète.

48. Les chants lugubres des corbeaux

Les chants lugubres des corbeaux
Me rappellent le côté obscur
De l'homme.
Pourtant,
5 Je sais que c'est un hymne à la vie,
Car les morts n'éprouvent aucun sentiment.

C'est dans des moments pareils
Que je me rends compte
De la finitude de mon existence.
10 Alors, je tourne mon regard
Vers le Très-Haut
Pour implorer sa grâce.
Etre instrument
De propagation de sa gloire,
15 Telle est ma raison d'être.

49. La main tendue

Rejeter une main tendue,
C'est essayer de vider l'océan
Avec une cuillère vainement.
Voici la brute est confondue

5 Par la vague inattendue
D'événements qui ne sont pas courants.
Le sage est sous la main du Tout-Puissant
Et sa vie n'est jamais tordue.

Aussi, la grâce est-elle là;
10 Mais l'homme doit faire le pas.
C'est comme un arbre avec que des murs fruits,

Des fruits qui attendent un cueilleur.
C'est le travail des ouvriers du Seigneur.
Celui-ci les conduit loin de tout bruit.

IV. ■ CONSOLATION ET EXHORTATION

L'AMOUR DE DIEU

50. L'amour de Dieu est intact

L'amour de notre Dieu demeure intact :
Seul un savoir révélé et exact
Le rend obvie, même dans le malheur.
Un tel savoir libère de la peur,
5 La peur d'aujourd'hui et du lendemain.

Dieu tient le monde entier entre ses mains,
L'oriente selon ses plans merveilleux.
L'amour de Dieu est un trésor précieux.
Au nom de cet amour, Jésus-Christ vint
10 Sauver les hommes de leur train mondain.

Dieu nous a aimé, nous aime toujours :
Cet amour est au-delà des discours.
L'amour de Dieu dure toute la vie.
Cet amour pardonne notre folie :
15 Croire qu'on peut se passer du Très-Haut.

Il nous aime en dépit de nos défauts.

Oh ! Quel bonheur que d'être son enfant !

Je le dirai toujours à qui m'entend :

« Yahvé est amour, Yahvé est amour !

20 Et, ma foi ! il le sera pour toujours ».

51. Jésus m'a fait beaucoup de biens

Jésus m'a fait beaucoup de biens :

Il m'a rendu de Satan libre

Et il m'a ôté des ténèbres.

Mon Seigneur a brisé les liens,

5 Ces mêmes liens des temps anciens,

Qui condamnèrent mon ancêtre.

Par lui, à jamais je peux vivre.

Jésus m'a fait beaucoup de biens.

J'ai part au royaume éternel,

10 À l'héritage paternel

Grâce à son œuvre de la croix.

Il m'a rendu saint devant Dieu

En déversant son sang précieux.

De tout mon cœur en lui je crois.

52. Ce que tu as fait dans ma vie

Ce que tu as fait dans ma vie
Dépasse mon entendement
Aux hommes, c'est une folie
Que de voir un Dieu Tout-Puissant

5 Qui prend soin de sa créature,
Qui a pour lui un plan de paix,
Et qui le hisse à sa stature
Pour vivre avec lui à jamais.

Je ne cesserai de chanter
10 Ta grâce et tes bienfaits pour moi :
Tu renouvelle tes bontés
Envers moi tous les jours du mois.

Mon âme bénit ton Saint Nom,
Exalte ta magnificence,
15 Car es infiniment bon.
Je resterai dans ta présence…

53. Le soleil de ma vie

Le soleil qui éclaire mon chemin,
Mon Jésus-Christ, mon Seigneur et Sauveur,
Tu es l'assureur de mes lendemains,
Avecques toi je suis plus que vainqueur.

5 Mon Jésus-Christ, mon seigneur et sauveur,
De l'ombre de la mort et du malin,
Ta main m'arracha pour la vie sans peur :
Ton royaume éternel et souverain.

De l'ombre de la mort et du malin,
10 Tu m'as délivré pour ta splendeur.
Depuis, aucune attaque ne m'atteint :
Cela est une imméritée faveur.

Tu m'avais délivré pour ta splendeur.
Le soleil qui éclaire mon chemin !
15 Laisse-moi t'adorer avec ferveur,
Chanter ta gloire qui n'a pas de fin.

Le soleil qui éclaire mon chemin
Mon Jésus-Christ, mon seigneur et sauveur,
De l'ombre de la mort et du malin,
20 Tu m'avais délivré pour ta splendeur.

LA PRIERE

54. La prière

La prière est utile et efficace.

Elle peut transformer la nuit en jour.

Même nos péchés, elle les efface.

La prière est l'expression d'amour…

5 Même quand ta vie est dans les ténèbres

Et que tu ne vois rien, espère en Dieu,

Ton Seigneur finira par te répondre,

Car pour toi, il a un plan merveilleux.

Par la prière, les hommes sont guéris ;

10 Par la prière, d'autres ressuscitent;

Par la prière, signes sont accomplis ;

Par la prière, des vies se restaurent.

Fais connaître tes besoins à ton Dieu,

Il t'exaucera si t'as un cœur pur.

15 Il t'a fait pour son royaume glorieux

Et non pour les ténèbres, sois en sûr.

55. Mains en prières

Les mains en prières, mains qui percent les cieux,
Qui déclenchent la toute puissance divine,
Sont symbole de la communion avec Dieu.
Mains en prière chassent tout ce qui chagrine.

5 Mains en prière conduisent vers Sa Présence.
Les mains qui sont libérées des terrestres liens,
Instruments de bénédiction en silence.
Les mains qui procurent le véritable Bien !

Ce sont des belles mains bénies et qui bénissent.
10 Les mains en prière brisent la pesanteur.
Et ce sont également des mains qui guérissent
Des maladies et de bien d'autres horreurs.

Par-dessus tout, ce ne sont pas des mains qui chaument,
Mais travailleuses et produisant des fruits.
15 Heureuses et bonnes sont les mains qui triment
Pour la gloire de Dieu. Mains aux vertus inouïes.

56. Dans l'assemblée des saints

Mon cœur exulte quand je vois de Dieu les saints,
Réunis pour adorer le Seigneur de gloire
    Et pour rompre le pain,
Comme cela fut dans l'église première.

5 Tel le feu brûle quand chacun y met son bois,
Tel aussi le nom du Seigneur est élevé :
    Les saints, avec leurs voix,
Peuvent secouer le trône surélevé

Et pousser ainsi celui qui en est assis
10 A ouvrir les écluses du ciel pour le monde.
    Et très peu l'ont compris :
Par cela des bénédictions Dieu leur inonde.

Ainsi comme un parfum cher de bonne odeur,
Les prières des saints montent vers le Tout-Puissant.
    15 Ces vrais adorateurs
Intercèdent pour du monde toutes les gens.

Les anges, ne pouvant rester indifférents,
Se joignent à eux pour célébrer le Très-Haut.
    Et ainsi Dieu repend
20 Sa gloire dans l'assemblée, prenant les fardeaux

Des fidèles à cœur, dispensant son esprit

A profusion pour l'édification des saints.
  Et des dons incompris
Se manifestent au milieu d'eux sans fin.

25 Comme il est beau que les saints demeurent ensemble,
Car Dieu les bénit de toutes les bénédictions !
  Et rien de semblable
N'existe depuis du monde la fondation.

Ni diable, ni les hommes, ni l'argent
30 Ne me sépareront de mes frères en Christ.
  Car Dieu m'aime tant.
Et avec les saints, nous l'adorons en esprit.

57. Apprends-moi tes désirs

Apprends-moi ta volonté pour que je te serve,
Non selon mes pensées, mais selon tes désirs,
Toi qui m'a aimé le premier et sans réserve:
  J'en ferai mon plaisir.

5 Voici que je t'invoque : exauce ma prière
Et purifie-moi par le sang de mon Seigneur!
Avecque toi j'entame une nouvelle ère :
  Tu es mon rédempteur.
Délivre-moi du mal, Seigneur ! et du péché.

10 Montre-moi tes voies afin que je les suive.

Les hommes sur lesquels je comptais m'ont lâché.

    Voici j'ai soif d'eau vive.

Tout ce qui est mien je te le donne, Seigneur !

Fais-moi ce que tu veux, mets-moi où tu veux,

15 Et par-dessus tout, accorde-moi un grand cœur:

    Car moi, je ne le peux.

Jéhovah Shaloom, éloigne de moi la haine,

J'en ai souffert beaucoup; mais remplis-moi d'amour

Afin que j'aime toutes les âmes humaines,

    20 Et cela pour toujours.

Père, apprends-moi à connaître ta volonté,

Instruis-moi tes pensées, conduis-moi dans tes voies :

Car tu es le chemin, la vie, la vérité.

    Je te suivrai avec joie.

25 Je veux avoir part à tes précieuses promesses

Et être citoyen du royaume éternel.

Dans ton œuvre, je veux faire preuve de prouesses.

    Ton amour paternel

M'est un gage sûr dans ce combat de la vie.

30 Sais que tu me gardes une couronne en or.

Dans ta présence, Seigneur ! mon âme est ravie.

  Conduis-moi à bon port !

L'AMOUR DE DIEU

58. Dieu parle, il faut l'écouter

Le Seigneur Dieu parle, il faut l'écouter :

La vie ici-bas, il peut l'écourter.

Qui dira: « Moi, je ne l'ai entendu… ».

Seul l'insensé a des tels prétendus.

5 Yahvé nous parle au travers des nos rêves

Avant que l'astre du jour ne se lève,

Par la bouche de ses saints serviteurs,

Par des vents qui nous apportent malheur.

Le moyen par excellence est la bible.

10 Même son silence est propos crédible.

Qui écoute sa parole est heureux,

Qui la met en pratique est victorieux.

Le Seigneur parle à l'homme spirituel.

Chose inadmissible pour l'homme charnel,

15 Car ayant un esprit emprisonné,

Il se fie à ce qu'il a raisonné.

Comme l'esprit dépasse la raison

Humaine et qu'il ne connaît de saison,

Cet homme animal ne peut le saisir,

20 Car il est au-delà de ses désirs.

59. La parole de Dieu dure toujours

La parole du Dieu Saint dure pour toujours :

 Elle ne faillit jamais,

 Elle procure la paix.

Elle est le glaive qui trépasse les vautours.

5 Elle est véridique et s'accomplit à coup sûr,

 Quand elle paraît tarder.

 L'homme qui peut la garder

Dans son cœur, comme Abraham quittant le pays d'Ur,

Et la mettre en pratique, comme Josué,

 10 Réussit partout où il va,

 Car sa force est Jéhovah.

Pour cette parole, des serviteurs ont sué,

Et certains en ont même payé de leur vie.

 Dieu les ressuscitera,

 15 Leur sueur versée sera

Récompensée. Dieu est celui qui fortifie

Les affligés qui persévèrent dans la foi.

 Je bénis cette parole,

  Car elle joue un grand rôle

20 Dans ma vie de chaque jour. En elle je crois.

Consolation

60. Lève-toi et marche

Mon frère, lève-toi et marches

Toi qui te fatigues et te fâches

A cause de tes maudits maux :

Jésus-Christ donne du repos.

5 Il t'invite à suivre ses pas,

À voir ce que tu ne vois pas :

Sa grâce répandue partout.

Il te donnera un cœur doux.

Il te tend la main, saisis-la.

10 Ainsi, tu peux aller là-bas,

Auprès de celui qui t'a créé

Et de la mort t'a réveillé.

Comme un aveugle, crois en lui

Et va là où il te conduit.

15 Jésus-Christ est le bon berger.

Ton fardeau, il va l'alléger.

61. Seigneur, mon navire chavire !

J'ai commis l'imprudence d'embarquer Jonas,

Malin déserteur de l'armée de l'Eternel,

Qui fuit hors de la présence de Dieu. Hélas !

Dans le pétrin je me trouve : à qui faire appel ?

5 La mer se déchaîne, j'ai jamais vu de tel

Et ma chaloupe menace de se briser.

Malheur à moi ! Sur un faux ami j'ai misé,

Et voici, je partage son sort de misère.

Le jeter à la mer est un souhait prisé.

10 Seigneur, un vent impétueux secoue mon navire !

La grande tempête, tourbillon alias,

Soulevait des vagues, je me tournais vers El.

Loin de toute forme de galimatias,

Mon navire tanguait en haute mer tel quel,

15 Se remplissait toujours. Cet ennemi cruel

M'a médusé. Mes efforts se sont enlisés…

J'ai crié : « Seigneur, sauve-moi ! ». Et il a usé

De sa parole, m'évitant ainsi le pire.

Et la tempête et la mer se sont apaisées !

20 Seigneur, un vent impétueux secoue mon navire !

Taciturne, j'ai écouté des eaux un as.

Il m'a dit : « Pars et ne regardes pas le ciel !».

Et me voici de ce voyage triste et las.

Le soleil n'apparut durant ces jours mortels.

25 N'étant plus maître de mon engin habituel,

Par un ange du Seigneur je fus avisé

Que le bateau ne pouvait être utilisé.

La poupe se fracassa d'une manière

Brutale. Pardieu ! J'atteignis le port visé.

30 Seigneur, un vent impétueux secoue mon navire !

Elohim, tu m'as sauvé d'un ami rusé

Afin que mon navire ne soit pas brisé !

Tu m'as intimé d'avoir foi quand tout chavire,

De n'écouter que toi quand je suis épuisé.

35 Seigneur, un vent impétueux secoue mon navire !

62. Rachetons le temps

Rachetons le temps, car les jours sont mauvais.

N'attendons à demain et saisissons la grâce

Qui est répandue sur la terre désormais.

Voici la nuit vient avec son lot de détresse.

5 Recherchons la dernière âme avant la fin
Et prions Dieu qu'il nous garde fidèle à lui,
Car sur nos murs rode le prédateur malin :
Par ses discours, mêmes les justes sont séduits.

Ne nous lassons pas dans l'œuvre de notre Père,
10 Fortifions-nous durant notre séjour sur terre,
Car un bonheur indescriptible nous attend.

Notre Seigneur qui était parti reviendra.
Oui, il reviendra nous prendre, il ne tardera.
Nous aurons part à ce qu'il a promis longtemps.

63. C'est encore possible

C'est encore possible, ne t'attriste pas.
En effet, en Jésus-Christ il y a de l'espoir.
Ami, même quand devant toi tout paraît noir,
Sache qu'un jour ton rédempteur s'élèvera.

5 Ne prête pas attention aux médisances,
Aux railleries de gens. Sois fort, ferme et patient.
Attends ton temps et tu seras dans la jouissance.
Dieu est merveilleux, mais le monde est méchant.

Compte sur le monde, tu seras déçu;

10 Mais si tu espères en Christ grande sera ta joie.

Ceux qui viennent à lui ne sont jamais confus,

Ils lui rendent grâce et sont de gens plein de foi.

C'est encore possible, le panier circule :

Espère toujours, même si tu ne vois rien,

15 Car Dieu est la source et la cause de tout bien.

Te comblera des bontés que tu ne calcule.

Juste et fidèle, il ne laisse jamais les siens.

Ne te demande surtout pas : « comment ni quand ?»,

Car tu ne peux modifier l'état qui est tien.

20 Laisse ce soin à celui qui est Tout-Puissant.

64. Pour que je trébuche…

Pour que je trébuche et que j'aie en moi de doute,

Ils jettent des peaux de bananes sur ma route.

Ils sont résolus à en découdre avec moi.

Seigneur, tu es mon bouclier : je m'appuie sur toi.

5 Tu es mon Dieu, j'ai foi en toi, coûte que coûte.

El Sabaot, avec toi rien je ne redoute.

Même si la légion vient, elle tombera toute.

Je sais que tu combats et combattras pour moi.

Dans leur entreprise, le diable les envoûte

10 Et les fait broncher toujours, cela me dégoûte !

J'ai pitié d'eux, je les plains, mon Seigneur, mon roi.

Car ils ne savent pas ce qu'ils font. Toutefois,

Mon rédempteur est Tout-Puissant et le déboute.

65. Mon Seigneur Jésus

Mon Seigneur Jésus, quand reviendras-tu

Pour en finir avecque les tourments ?

La haine et la peur nous ont abattus :

Partout, on tue, on dérobe et on ment.

5 L'amour est devenu denrée rare.

Mon Seigneur, garde-moi fidèle à toi.

Je ne connais point la voie du tartare :

Sur toi, et toi seul, j'ai bâti ma foi.

J'attends ton royaume éternel de paix

10 Pour régner à tes côtés pour toujours.

Tu me gardes une place à jamais

Près de toi par ta grâce, ton amour.

Je le sais, car ta parole le dit.

Daigne, mon Seigneur, abréger le temps,

15 S'il vous plaît, pour sauver l'homme maudit,

Toi qui as aimé cette terre tant.

66. Mon cœur brûle d'envie…

Mon cœur brûle d'envie de monter au ciel,
Monter au ciel pour chanter avec les anges,
Chanter avec les anges ce qu'est l'Eternel,
Ce que l'Eternel, c'est ce que comprirent les mages.

5 El Shaddai, agrée ce chant exceptionnel.
Si je ne t'invoque pas, qui invoquerai-je ?
Fais-moi voir ta gloire et ton amour paternel :
Je ne me lasserai de chanter tes louanges.

Seigneur, justifie-moi et laves mon affront,
10 Car, faute de mieux, j'ai longtemps courbé mon front.
Ouvre les cieux et, comme Eli, enlève-moi.

J'en ai marre des choses du monde, Seigneur !
Mon cœur te désire et veut être auprès de toi.
Et en ce jour-là, parfait sera mon bonheur.

67. Lazare

« Notre ami Lazare dort:
        Il n'est pas mort »,
Parole de mon Seigneur
Voyant un visage en pleurs.
5 Il le sut depuis deux jours.
        Avec amour,

Il partit pour Béthanie
A l'ami redonner vie.

Et pourtant, Jésus pleura.
10 « Il sent déjà »,
Lui a-t-on dit par la sœur
Avec tant de maux au cœur.

Il cria : « Lazare sors ! ».
Que dire encor !
15 Le mort sortit du tombeau
Les yeux couverts d'un bandeau,

Les pieds et les mains bandés.
Il a scandé :
« Déliez-le pour qu'il marche ».
20 L'ami poursuivit sa marche.

Jésus est résurrection
Et rédemption
De celui qui croit en lui :
Vers son Père, il le conduit.

68. Job

Job, avachi par des malheurs et par la lèpre,
A piaffé d'impatience d'un secours,
Allant jusqu'à maudire le jour qui la vu naître.
     Sa femme lui tint ce discours :

5 « Que te sert l'intégrité ? Maudis Dieu et meurs ! ».
Mais Job ne céda point, garda sa foi en Dieu,
Malgré la mort de ceux dont il fut géniteur,
     De la perte de biens nombreux.

Pourquoi ce sont les justes qui souffrent souvent
10 Pendant que les méchants coulent des jours heureux?
Pour les éprouver avant le bonheur constant
     Dans le royaume merveilleux.

Heureux qui persévère dans la voie de Dieu,
Qui attend l'accomplissement de la promesse
15 Et qui espère en lui: il sera victorieux.
     C'est cela la seule sagesse.

69. Dans ta présence

Adonaï, le vœu le plus cher de mon cœur
Est de vivre toujours dans ta Sainte Présence.
Toi le Jéhovah Shamma, j'implore ta grâce,
　　　Délivre-moi de la peur.

5 O toi Emmanuel et l'ancien des temps,
Apprends-moi, mon Seigneur ! à écouter ta voix,
Car j'aspire à voir et à marcher dans tes voies.
　　　　O toi qui m'as aimé tant !

Loin de ta face, il n'y a que mort et horreur.
10 Mais près de ton trône, ta gloire m'éblouit.
Elle ressuscite tout en moi, me bénit.
　　　Shamma, je t'ouvre mon cœur !

70. Sauvé pour sauver

Moi, je suis sauvé pour sauver des vies.
　　　Quelle noble mission
Que le Seigneur mon Dieu me confie!
　　　Hier dans la perdition,

5 Aujourd'hui dans les faveurs de mon Dieu,
　　　Je ne puis oublier
Cet amour formidable et merveilleux
　　　Qui à lui m'a lié.

C'est pourquoi je témoigne de son nom,

 10 Son nom qui m'a sauvé.

Ce nom m'a apporté le pardon,

 Le ciel l'a approuvé.

Peuples de la terre, repentez-vous

 Pendant ce temps de grâce,

15 Pour échapper au céleste courroux.

 Recherchons sa face...

71. Les temps de la fin

En ces temps-là, l'on verra la démarcation

Entre les fils du Tout-Puissant et les autres,

Ceux qui ont voué leur vie à la perdition,

Amoureux et auteurs d'ignominie, des meurtres...

5 Les justes jugeront du monde les nations,

Régneront avec celui qui les a fait naître...

Quant aux méchants, ils recevront la punition,

La punition dans le lieu où souffle le souffre.

Heureux ceux qui seront enlevés par l'époux

10 Et qui auront part au festin de noce doux.

Durant leur vie ici-bas, ils sont demeurés

Fidèles à celui qui est le Tout-Puissant.
Les incrédules dans les péchés ont erré,
Allant jusqu'à vendre leurs âmes à Satan.

72. Pourquoi restes-tu sourd

Pourquoi restes-tu sourd à mes supplications,
O mon Seigneur ! moi qui par mes invocations,
Jour et nuit, t'invite à poser ta main de grâce
Sur mon entreprise en ce moment de détresse.
5 Mes ennemis attendent ma chute et ma mort.
Ils jubilent. Je suis rongé par des remords.
Toi qui es juste et fidèle, exauce-moi !
J'ai placé toute ma confiance en mon roi
Et je sais qu'il ne m'abandonnera jamais,
10 Mais il comblera mon cœur de joie et de paix.
En dépit de mes maux, je ne perds pas la foi :
Seigneur est le suprême bien en qui je crois.
Depuis le ventre de ma mère jusqu'ici,
L'Eternel m'a secouru, m'a préservé ainsi.
15 Comme il est le même, il agira de nouveau,
Car je suis racheté par le sang de l'agneau.

O quel bonheur de se savoir enfant de Dieu !
Aux condamnations du monde, j'ai dit : « Adieu !».
Même la mort ne peut me séparer de lui.
20 Sa main puissante me garde et me conduit.

V. DE LA MORT

73. Mon âme, allons jusque là-bas

Mon âme, allons jusque là-bas

Et voyons ce qui n'y va pas.

-Ah ! Es-tu fatigué de vivre ?

Tiens-tu rejoindre tes ancêtres ?

5 Non mon ami, prends courage

Et ne plie pas bagages.

Mon cher, regarde vers l'orient

Et vois l'arc-en-ciel s'élevant,

Symbole de compassion

10 Et promesse de rédemption...

-Amie, tes beaux discours m'ennuient

J'en ai ras-le-bol de la nuit.

Je m'en vais seul vers l'autre bord

Et seul j'affronterai la mort.

15 -Comment peux-tu manquer de foi ?

La main de ton Dieu est sur toi

Et te guide vers le bonheur :

Confie-toi à lui sans peur.

-Tes mots me donnent de l'espoir

20 Et m'éloignent du chemin noir.

74. La mort

La mort est au même moment Tout et Néant:
Elle est la vie de la vie et la mort de la mort.
Elle n'est pas pour les morts, puisqu'ils sont morts ;
Non plus pour les vivants, parce qu'ils sont vivants.

5 Bannissons donc de nous ce souci attristant
Et savourons la vie à chaque instant sur ce port :
L'homme n'est point rendu malheureux par la mort,
Mais par l'idée qu'il se fait d'elle, l'ignorant.

Ô Mort ! Ô Mort ! Meilleure ennemie de l'homme !
10 De son étroite prison, le délivres comme
Moïse délivrant de l'Egypte les hébreux.

S'il nous était permis de voir ce qui se passe
Là-bas, chacun se réserverait une place
Et s'empresserait bien de mourir tout joyeux.

75. La mort est certaine

Nous vivons pour mourir
Et nous mourons pour vivre
Dans l'autre rive, à jamais libre
Des lois qui font souffrir.

5 Apprenons à mourir,

A laisser l'héritage,

Pareils aux feuillages

Où l'on peut rafraîchir

Quand il est midi

10 En un jour maudit.

Préparons un avenir doux…

Et la postérité

Se souviendra de nous,

Bienfaiteurs, pour l'éternité.

76. De homini

Qu'est-ce l'homme face à l'éternité ?
Une goutte d'eau dans l'immense océan.
  En vain irions vantant
Nos biens: l'invincible mortalité

5 Nous attend au final. Riche ou pauvre,
Noir ou blanc, savant ou idiot, nous
  Mourrons … Notre courroux
N'y pourra rien et se verra piètre.

Pourquoi naître, car la mort est certaine ?
10 Nous sommes nés pour mourir, le Destin
  Fixa ainsi. En vain
Orgueil, vanité : mort nous a fait sienne.

Qu'à cela ne tienne! Tant que l'on peut,
Jouissons-nous en Jésus-Christ dans cette vie.
  15 Oh ! Sagesse ou folie ?
Là n'est pas la question. Moi, je me meux

Et prends plaisir dans ce que Dieu approuve.
Ainsi quand mon heure sera venue,
  Je partirai mains nues
20 Et laisserai les choses que je trouve…

77. Plainte

Mort, d'où viens-tu ? Que nous veux-tu ?
Ainsi qu'un dictateur têtu,
Tu t'obstines, changeant nos joies
En pleurs. Sommes-nous tes proies ?
5 Et ton bras d'hercule jamais
Ne nous laisserait en paix, en paix
Et nos bien-aimés et nous même ?
Oh ! Que tu es grossière, infâme !
…J'ai beaucoup pensé aujourd'hui
10 À ce ravisseur sans merci
Ni pardon.-Quelle éducation
T'as reçue ? Sans indignation
Ni pudeur ni diplomatie,
T'amènes tous à fantaisie.
15 Je dirai, je dirai à Dieu
Combien t'as rendu malheureux,
Cruelle ! et la veuve et l'orphelin.
Sache que t'auras une fin…

78. Mon âme, quand tu quitteras…

Mon âme, quand tu quitteras ce port
Au-delà du fleuve, dans l'autre rive,
Rendras comptes de ce, avant la mort
Ne t'emporte, fis de cette vie brève.

5 Au-delà du fleuve, dans l'autre rive

Qu'emmèneras-tu pour que nul remords,

Ne te ronge (puisque ce jour arrive)

Dans ce pays lointain se trouvant au nord ?

Qu'emmèneras-tu pour que nul remords

10 Dans l'Au-delà inconnu, ne te suive ?

Là-bas, la gueule de Souffrance mord

L'infidèle, Ô mon âme fugitive !

Dans l'Au-delà inconnu, ne te suive…

Mon âme quand tu quitteras ce port !

15 À la voix sage demeure attentive.

Aux mains de ton Dieu laisse ton sort.

Mon âme, quand tu quitteras ce port,

Au-delà du fleuve, dans l'autre rive,

Qu'emmèneras-tu pour que nul remords,

20 Dans l'Au-delà inconnu, ne te suive ?

79. Quand l'espoir quitte l'âme

Quand l'espoir quitte l'âme

L'on devient aussi mort

Que ceux quittant ce port,

Car un mort ne réclame…

5 Et dès lors, l'existence
Perd son goût, sa raison.
La vie a ses saisons :
Jouissance et souffrance.

Quand le faible corps souffre,
10 L'on devient bon croyant,
Implorant Tout-Puissant :
« Délivre-moi du gouffre ! ».

Ah ! Quoi que l'homme soigne,
C'est Dieu qui guérit ;
15 Et la prière est un cri
Qui les cieux renseignent…

Quand le cœur plein de joie,
L'on devient insouciant
Comme un petit enfant
20 Durant ses premiers mois.

Et la vie nous livre
Son grand mystère : Amour.
Et Amour à son tour
Nous inscrit dans son livre.

25 Quand la colère l'emporte,
Ah ! l'on devient fou
Comme des bêtes tout
Déraisonnables. Certes,

Agir avec courroux
30 C'est bien porter atteinte
Au vrai humain. Nul doute,
Le sage reste doux...

80. La mort n'est pas la mort

La mort n'est pas la mort,
Nous nous verrons encor,
O toi qui me précèdes !
Quoiqu'aux pleurs mon cœur cède,
5 L'espoir me maintient :
Je sais que le chrétien
Vit même après la vie.
Dans l'au-delà, ravie
Sera ton âme d'être
10 Délivrée de ce gouffre...
Dans le jardin divin,
Ami, recouvre enfin
Ton bonheur éternel
Et l'amour paternel.

81. Testament

Quand l'heure aura sonné,

Quand ma course sera à son terme,

Quand j'aurai fait mon temps ici-bas,

Mes frères, mes amis,

5 Ne vous cassez pas la tête !

Je serai dans la patrie originelle,

De plain-pied dans la béatitude,

Avec les anges,

Loin du vacarme mondain

10 Et des turbulences terrestres.

TABLE DES MATIERES